CHAMBRE DE COMMERCE DU MANS

LOI SUR LES SOCIÉTÉS

PAR ACTIONS

RAPPORT

PRÉSENTÉ

PAR M. LEBERT, PRÉSIDENT

LE MANS

IMPRIMERIE ERNEST LEBRAULT

4, RUE AUVRAY, 4

1885

LOI SUR LES SOCIÉTÉS

PAR ACTIONS

RAPPORT

PRÉSENTÉ PAR

M. LEBERT, Président

Séance du 5 novembre 1885.

Présents :

MM. LEBERT,
    HÉDIN,
    RANSSILLIAT,
    HUTREL-BUSSON,

MM. LEROUX,
    Michel VIEL,
    RICHARD,
    TOUBLANC.

MESSIEURS,

M. le Ministre du Commerce a invité les Chambres de commerce à présenter leurs observations sur un projet de loi réglant à nouveau le régime des sociétés par actions, projet adopté par le Sénat et soumis à la Chambre des députés.

Dans notre séance du 3 septembre dernier, vous avez nommé une Commission à l'effet d'examiner ce projet de loi.

C.

Cette Commission, composée de MM. Chappée, Leroux, Michel-Viel, Ranssilliat et Lebert, s'est acquittée de sa mission, et m'a chargé de résumer ses observations ; j'ai tâché d'être son interprète fidèle en vous présentant le rapport suivant :

Aux termes du titre III du Code de commerce, les sociétés anonymes ne pouvaient se former qu'avec l'autorisation du gouvernement, donnée par décret rendu après avis du Conseil d'Etat. La loi du 3 juillet 1867, qui nous régit aujourd'hui, a supprimé la nécessité de cette autorisation (si ce n'est pour les tontines et compagnies d'assurances sur la vie).

Le législateur de 1867, en proclamant en principe que les sociétés anonymes seraient créées par la convention des parties intéressées, a cependant édicté certaines règles pour s'assurer que ces sociétés qui font ordinairement appel à de nombreux souscripteurs, auraient une base sérieuse, qu'elles naîtraient viables et pourraient donner de bons résultats, si elles étaient bien administrées.

Ce but ne fut pas complètement atteint ; les sociétés anonymes devinrent l'aliment habituel et l'instrument favori d'une spéculation effrénée ; les nombreux désastres financiers survenus au commencement de l'année 1882 portèrent un coup si sensible au crédit et à la fortune publique que l'on se demanda de toutes parts s'il n'y aurait pas lieu de réviser les lois qui régissaient les sociétés par actions. Cette révision parut nécessaire ; mais dans quel sens et dans quelles limites devait-elle s'accomplir ? Sur ce point, trois systèmes se trouvèrent en présence.

Les uns voulaient qu'on revint purement et simplement au système de 1807, et qu'on exigeât l'autorisation du gouvernement pour la création des sociétés anonymes ; ils disaient que c'était le seul moyen de couper court aux abus qui s'étaient produits dans la dernière période.

D'autres, raisonnant tout différemment, disaient : le législateur de 1867 avait cru prendre toutes les précautions nécessaires pour donner des garanties sérieuses aux personnes qui voudraient prendre un intérêt dans les sociétés anonymes, et aux tiers qui contracteraient avec ces sociétés ; l'évènement a prouvé que ces précautions étaient inutiles. On a trouvé moyen d'éluder les obstacles que le législateur avait voulu élever contre la fraude ; il en sera de même de toutes les garanties que l'on pourrait prendre pour l'avenir ; pourquoi dès lors porter atteinte à la liberté des conventions ? Que les intéressés soient plus vigilants et n'engagent leurs fonds qu'à bon escient.

Ces deux systèmes si opposés nous paraissent devoir être écartés l'un et l'autre.

La loi de 1807 (autorisation par décret) a pu suffire à une époque où la forme anonyme n'était recherchée qu'exceptionnellement pour l'organisation de services publics, pour la création de propriétés spéciales ou d'institutions financières devant rayonner sur toute la France (mines, chemins de fer, Banque de France, sociétés d'assurance) ; mais le développement des affaires industrielles et commerciales a créé de nouveaux besoins. La transformation de l'industrie exige aujourd'hui, dans un grand nombre d'entreprises particulières, la mise en œuvre de capitaux importants qu'on ne peut réunir qu'au moyen de la forme anonyme. Il importe de ne pas entraver sans motifs sérieux cette concentration des capitaux, le développement de la prospérité nationale est à ce prix.

Mais, d'un autre côté, peut-on sérieusement laisser à l'État le soin de scruter et de peser les éléments de succès d'affaires industrielles aussi nombreuses que variées ? Il ne pourrait exercer ce contrôle sans entraver souvent la naissance ou le développement d'affaires sérieuses, et sans assumer toujours une lourde responsabilité. On ne doit donc pas songer à rétablir la nécessité de l'autorisation préalable.

Doit-on se tourner vers le pôle opposé et proclamer la liberté absolue des conventions en matière de sociétés ?

Nous ne le pensons pas, et il nous semble qu'il y a de sérieuses raisons de ne pas aller jusque-là.

D'abord, l'ingérence du législateur dans la constitution des sociétés par actions nous paraît parfaitement justifiée; il s'agit, en effet, d'un contrat d'une nature toute spéciale, créé de toutes pièces par la loi, contrat soustrait aux principes ordinaires du droit quant à la durée et à l'étendue des obligations des associés.

Dans la société anonyme, en effet, l'associé n'est pas tenu au-delà de sa mise, il peut même invoquer de courtes prescriptions.

D'un autre côté, les sociétés anonymes font appel à de nombreux souscripteurs, réunissent l'épargne d'une foule de petits capitalistes, dont le plus grand nombre se laisseront toujours séduire par les promesses d'un prospectus habilement rédigé, sans être à même de vérifier par eux-mêmes si la société repose sur des bases sérieuses ; il y a donc à la fois justice et intérêt d'ordre public à ce que le législateur prenne les précautions nécessaires pour que toute entreprise qui sollicite le concours de l'épargne publique ne soit pas une duperie, qu'elle offre à l'origine certaines garanties de solidité, et que les intéressés n'aient plus qu'à surveiller la marche de la société.

On dit : le législateur de 1867 avait cette prétention ; il a échoué ; la loi que vous voulez faire ne sera pas plus efficace.

Ce jugement est au moins prématuré. Il n'est pas étonnant qu'une loi qui remplaçait le système de l'autorisation préalable, par celui de la liberté des conventions n'ait pas, dès le premier abord, déjoué toutes les fraudes et prévenu toutes les difficultés ; mais après dix-huit années d'expérience, le législateur peut trancher avec autorité les questions controversées en jurisprudence et indiquer les conditions nécessaires pour assurer la sincérité des apports en société, améliorer en un mot la loi de 1867, en conservant le régime établi par elle, régime nécessaire pour donner à l'industrie les moyens de crédit dont elle a besoin, tout en protégeant l'épargne publique.

Tel est le système qui a prévalu dans les conseils du gouvernement et inspiré le projet de loi soumis par lui au Sénat dans la séance du 6 décembre 1883.

Ce projet, renvoyé devant une commission composée des hommes les plus compétents, a fait l'objet d'un rapport remarquable de M. Bozérian, juge si éclairé dans les questions de législation commerciale et financière ; il a ensuite été discuté, amendé et adopté par le Sénat en première et deuxième lecture ; c'est donc sur une loi votée par la haute Assemblée que nous sommes appelés à donner notre avis.

Aussi, tout en vous signalant, Messieurs, les innovations contenues dans cette loi et les solutions données aux questions controversées, n'aurons-nous le plus souvent qu'à vous proposer de donner aux unes et aux autres une approbation sans réserve.

Sur deux ou trois points seulement, nous indiquerons à votre attention quelques modifications qui, dans notre opinion, seraient de nature à mieux atteindre le but que s'est proposé le législateur ; améliorer la loi de 1867 sans apporter d'entrave aux affaires sérieuses.

L'innovation la plus importante du projet de loi que nous avons à étudier réside peut-être dans les articles consacrés aux obligations.

Les lois antérieures ne s'occupaient que du capital-actions ; mais l'expérience ayant révélé que la plupart des sociétés trouvaient dans des capitaux d'emprunt des ressources égales et souvent supérieures au montant de leur capital social, on a pensé qu'il y avait lieu de donner à ces prêteurs le moyen de se renseigner sur la situation et la gestion de leur débiteur.

De là quelques dispositions nouvelles concernant l'émission des obligations et le droit donné aux obligataires de prendre connaissance des inventaires et des procès-verbaux et de se faire représenter aux assemblées d'actionnaires.

TIRE Ier

Des Sociétés anonymes.

La loi s'occupe d'abord de la constitution des sociétés anonymes ; elle reproduit les dispositions de la loi de 1867 ; toutefois, l'article 3 impose aux fondateurs une condition nouvelle contenue dans les paragraphes 2 et 3. Il porte :

Art. 3, § 2 et 3.

« Elles ne peuvent être définitivement constituées qu'après « la souscription de la totalité du capital, *et le versement en* « *espèces*, par chaque actionnaire, du quart au moins du mon- « tant des actions par lui souscrites.

« Les souscriptions et les versements sont constatés par « une déclaration des fondateurs dans un acte notarié ; *la* « *déclaration indique le lieu où le montant des versements a été* « *déposé.* »

La loi de 1867 exigeait déjà que tout le capital fût souscrit, et que les actions fussent libérées d'un quart ; mais elle ne spécifiait pas comment on devait faire ce premier versement, ni comment on devait en justifier.

Il est probable que le législateur avait eu en vue un paiement en espèces ; mais il ne l'avait pas dit. La jurisprudence admettait une libération par remise de valeurs, un paiement par compensation, une simple passation d'écriture au moyen de laquelle le banquier de la société créditait le compte de celle-ci par le débit du compte du souscripteur. Ces opérations souvent fictives permettaient à quelques lanceurs d'affaires de souscrire par eux-mêmes ou par leurs hommes de paille un nombre considérable d'actions, sans que le but visé par le législateur fut atteint, sans que la société eut à sa disposition, dès le début, les sommes nécessaires pour assurer son fonctionnement régulier.

Pour remédier à cet abus, l'article 3 impose deux conditions nouvelles : 1º le versement en espèces ; 2º l'indication du lieu où le montant des versements a été déposé.

Ces précautions sont-elles suffisantes ? Nous ne le pensons pas ; elles laissent subsister un double danger ; la déclaration de dépôt peut être plus ou moins sincère ; même en admettant que le versement en espèces et le dépôt indiqué aient été effectués, est-on sûr que le dépositaire sera en mesure de restituer, ou qu'il n'aura pas quelque compensation à opposer aux fondateurs ?

La pensée du législateur est évidemment d'assurer d'une manière indubitable ce versement en espèces et sa mise à la disposition de la société. Ce double but ne peut être atteint sûrement que par le dépôt des espèces dans une caisse publique, à la Banque de France ou à la Caisse des Consignations.

La lecture des documents parlementaires nous apprend que cette mesure de précaution avait été réclamée par plusieurs membres de la commission ; qu'elle avait été écartée sur les observations des représentants des établissements susvisés qui avaient fait entrevoir certaines difficultés pour le retrait des espèces.

Ces difficultés peuvent être prévues et levées par le législateur qui dira par qui et sous quelles conditions les sommes consignées pourront être retirées dans les deux hypothèses possibles, celle de la constitution définitive de la société, et celle de sa non réalisation ; mais il n'y a pas là un motif suffisant pour rejeter une mesure de la plus haute importance.

Allant plus loin dans le même ordre d'idées, M. Tolain proposait un amendement qui eut eu pour effet d'exiger que le capital social fut intégralement versé au moment de la constitution de la société.

Cet amendement a été rejeté parce qu'il eut causé aux sociétés des pertes d'intérêt par trop sensibles. Souvent la construction d'une usine ou d'un chemin de fer est l'œuvre de plusieurs années ; dans ces circonstances l'appel de fonds est fait suivant l'avancement des travaux ; leur réalisation, au moment de la constitution, mettrait les sociétés dans la nécessité de servir l'intérêt de sommes qui seraient pour elles à peu près improductives pendant plusieurs années.

On peut ajouter que cette mesure eut écarté de nombreux souscripteurs qui n'ont pas du coup à l'heure, et sans emploi, la somme nécessaire pour libérer immédiatement un certain nombre d'actions, et qui peuvent, sans trop présumer de leurs moyens, prendre l'engagement de les libérer par parties à des époques déterminées.

Art. 4

Par une disposition nouvelle (art. 4) et pour éviter les surprises et les déceptions, la loi exige que les insertions et les prospectus destinés à provoquer les souscriptions d'actions, et que les bulletins de souscriptions eux-mêmes, contiennent l'exposé succint des conditions dans lesquelles la société doit se constituer ; ils doivent indiquer :

1º Le montant du capital ;

2º La partie du capital social représentée par des apports en nature ;

3º La partie du capital à réaliser en espèces ;

4º Les avantages particuliers réservés aux fondateurs ou à toute autre personne ;

5º La date de la publication du projet d'acte de société au bulletin institué par la loi (art. 63).

Art. 5.

« Les actions ne sont ni négociables ni cessibles avant la « constitution définitive de la société. Elles sont nominatives « jusqu'à leur entière libération. »

Cet article contient deux innovations importantes qui ont pour but d'assurer la qualité des premiers souscripteurs et le classement des titres.

Il n'y aura plus de jeu sur les promesses d'actions, moyen si facile et si souvent employé de réaliser des primes considérables sur des sociétés futures.

Les actions restant nominatives jusqu'à libération, les mutations par spéculation seront moins fréquentes, et les premiers souscripteurs qui, en cas de cession, sont libérés au bout de deux ans (art. 6) seront remplacés par des cessionnaires connus et non par des tiers porteurs introuvables. La question si délicate de la responsabilité des porteurs intermédiaires ne pourra plus se présenter.

Art. 6.

L'art. 6 déclare responsables du montant de l'action le

souscripteur, les cessionnaires et le titulaire actuel ; ce dernier, véritable débiteur, indemnisera les premiers s'ils ont libéré le titre.

« Tout souscripteur ou actionnaire qui a cédé ou négocié son
« titre, cesse d'être responsable des versements non effectués
« deux ans après la cession ou la négociation. »

Cette disposition, reproduite de la loi de 1867, est de toute justice.

La société étant constituée après le versement d'un quart du capital, les trois autres quarts seront peut être appelés longtemps après ; ils ne seront peut être jamais versés. On ne pouvait laisser les premiers souscripteurs ou cessionnaires indéfiniment responsables et liés au sort d'une société dans laquelle ils n'ont plus d'intérêt, sur la direction de laquelle ils n'ont plus d'action ; il y avait lieu d'établir, en leur faveur, une courte prescription que le législateur a fixée à deux ans.

Les art. 7 à 13 s'occupent des apports en nature et des avantages particuliers réservés aux fondateurs ou autres personnes.

ART. 7.

« Les apports en nature ne peuvent être représentés que par
« des actions libérées en totalité. »

La loi de 1867 était muette sur ce point ; l'usage s'était bientôt introduit de payer les apports en nature, en actions libérées d'un quart seulement, et assimilées, par la suite, aux actions souscrites, pour être payées en numéraire. Après bien des hésitations et des solutions intermédiaires, la jurisprudence avait validé cette pratique ; on arguait du silence de la loi et on ajoutait qu'il y avait intérêt à constituer les apporteurs, ordinairement les gérants, débiteurs d'une grosse somme envers la société pour les attacher plus sûrement à la fortune de celle-ci.

Cette raison n'était que spécieuse. Les apporteurs en nature ont ordinairement immobilisé dans leur industrie tout leur avoir ; c'est pour cette raison qu'ils mettent cette industrie en société, afin de se procurer le fonds de roulement nécessaire pour l'exploiter, ils ne pouvaient donc conserver qu'un bien petit nombre de ces actions qui les exposaient à des appels de fonds ; en leur donnant quatre fois plus d'actions libérées d'un quart qu'ils n'eussent eu d'actions libérées en entier, on augmentait, dans une large proportion, le nombre des actions non classées vouées à la spéculation jusqu'à leur entière libération.

Les associés qui font des apports en nature, ont dans la société un rôle et une situation différents de ceux des sous-cripteurs ordinaires ; le législateur a bien fait de dire que leurs apports seraient payés en actions libérées ; pour s'assurer le concours de ces associés, pendant un certain temps, et les intéresser à la prospérité de la société, la loi décide que leurs actions resteront pendant deux ans au siége social et ne seront négociables qu'à l'expiration de cette période.

Art. 8.

Outre les actions libérées pour paiements d'avance ou apports en nature, les fondateurs se réservent souvent une part dans les bénéfices, comme rémunération de leurs soins et démar-ches ; ce droit aux bénéfices est représenté par des titres, dis-tincts des actions, et appelés parts de fondateurs.

Ces titres, introduits par l'usage, ne faisaient jusqu'à ce jour l'objet d'aucune disposition de loi.

L'art. 8, en consacrant leur existence, indique l'étendue des droits qu'ils confèrent. Ils peuvent être cessibles ou négociables ; ils donnent droit à une part dans les bénéfices, après prélèvement de l'intérêt dû aux actions de capital.

Ils prennent part à la distribution du capital disponible en liquidation, après remboursement des actions aux taux d'émission.

Art. 10, 11, 12.

Pour assurer la sincérité de la valeur donnée aux apports en nature, pour éviter les majorations, la loi de 1867 exigeait déjà que ces apports fussent vérifiés par des commissaires choisis par les actionnaires dans leur première assemblée, et qu'il fut statué sur le rapport des commissaires par une seconde réunion d'actionnaires.

La loi nouvelle conserve en principe cette procédure ; mais elle y apporte quelques améliorations.

Pour déjouer toute entente déloyale entre certains actionnaires au préjudice des autres, elle statue que si la demande en est faite par le quart des actionnaires présents, la valeur des apports en nature et des avantages particuliers réservés aux fondateurs seront vérifiés par trois experts nommés par le président du Tribunal de commerce.

Plusieurs personnes demandaient que cette nomination d'experts fut obligatoire toutes les fois qu'il y aurait apport en nature ou avantages particuliers. C'eut été, selon nous, une sage mesure.

En effet, ces vérifications sont ordinairement assez délicates et pour être sérieuses elles demandent des connaissances spéciales ; en second lieu, à la première réunion, la plupart des actionnaires connaissent peu les hommes et les choses de la société ; il serait bon de prendre quelques précautions contre l'optimisme de la première heure, afin d'éviter les regrets tardifs.

Pour écarter cette prescription qu'a-t-on objecté contre

elle ? on a dit que quelques experts attitrés, toujours les mêmes, seraient nommés dans toutes les affaires ; qu'ils regarderaient ces expertises comme une simple formalité et n'y apporteraient pas l'attention nécessaire.

Nous ne saurions admettre ce raisonnement ; nous pensons que les experts apportent les soins nécessaires à toutes [les affaires qui leur sont confiées par décision de justice ; et que les vérifications d'apport dont nous nous occupons sont en général assez importantes pour rencontrer de leur part une attention spéciale.

Le choix du président aurait le double avantage d'écarter tout soupçon d'intrigue et d'assurer la compétence de l'expert; nous espérons qu'en fait, dans les affaires sérieuses, les fondateurs offriront d'eux-mêmes cette garantie à leurs souscripteurs.

L'art. 11 comble une lacune de la loi de 1867 ; jusqu'ici, en effet, la deuxième assemblée n'avait qu'une alternative, accepter ou refuser l'estimation des auteurs de l'apport en nature.

La loi nouvelle suppose qu'une majoration a été constatée ; que les apporteurs consentent à la réduction indiquée par les experts ; l'assemblée pourra accepter et sanctionner cette réduction, et la société se constituera sur les bases indiquées par les commissaires ou par les experts.

Art. 13.

Lorsque la société anonyme est formée entre plusieurs apporteurs qui mettent leurs immeubles, leur industrie, leurs capitaux en commun, sans faire appel aux tiers souscripteurs, il ne saurait être question de vérification ni d'approbation par les actionnaires ; la loi de 1867 affranchissait ces sociétés de toute mesure semblable. Mais l'expérience a révélé que souvent l'indivision était créée et les apports en commun réalisés pour éviter la vérification prescrite par la loi : qu'une fois la société constituée, les actions arrivaient sur le marché sans aucune garantie pour les tiers ; la loi nouvelle, prévoyant le cas où le capital est formé en entier par les fondateurs, soit par apports en nature seulement, soit même par adjonction de capitaux, ordonne aux fondateurs de faire vérifier les apports en nature et les avantages particuliers par trois experts nommés par le président du Tribunal de commerce.

En outre, les actions de ces sociétés sont soumises aux prescriptions de l'art. 7 ; elles ne sont négociables que deux ans après la constitution définitive de la société.

ART. 14.

« Les sociétés anonymes sont administrées par un ou « plusieurs mandataires à temps, salariés ou gratuits, pris parmi « les associés.

« Ces mandataires peuvent choisir parmi eux un directeur, « ou si les statuts le permettent, *se substituer un mandataire* « *étranger à la société et dont ils sont responsables envers elle.* »

Cette dernière disposition a donné lieu, au Sénat, à une discussion longue et un peu confuse qui n'est peut-être pas résumée très heureusement par les termes adoptés en seconde lecture.

L'art. 36 ci-après traite de la responsabilité des administrateurs et décide qu'ils sont responsables de *leur faute.*

L'art. 14, § 2, n'est-il pas en contradiction avec ce principe ? Il suppose que les administrateurs, usant d'une faculté à eux donnée par les statuts, choisissent un directeur ; et il décide d'une manière absolue que, si ce mandataire est étranger à la société, ceux qui l'ont nommé sont responsables de ses actes.

Si les administrateurs ont choisi un directeur sans prendre les renseignements exigés par la prudence, ils ont commis une faute et si cette faute porte dommage à la société, ils doivent réparer le préjudice ; mais s'ils ont choisi un directeur dont le passé était irréprochable et l'expérience notoire, et si cet homme, par un manquement subit à ses devoirs, cause un préjudice à la société, il serait injuste de rendre les administrateurs responsables.

On dit : la loi parle d'un mandataire substitué, elle a voulu sévir contre le conseil d'administration qui, désertant sa mission, cesse de s'occuper de l'affaire et donne carte blanche au délégué qu'il a choisi.

L'hypothèse ne se rencontrera probablement jamais dans la pratique ; si elle se réalisait en partie, si, en fait, des administrateurs laissaient à des agents d'exécution la direction de l'affaire, ils seraient coupables d'une négligence qui constituerait une faute et engagerait leur responsabilité ; l'art. 36 de la loi et les règles du mandat suffiraient pour les atteindre, et nous ne voyons pas de motifs suffisants pour laisser subsister une disposition qui nous paraît inutile et même dangereuse.

On doit craindre, en effet, qu'elle ne donne naissance à des procès téméraires, ou encore qu'elle n'ait pour effet d'éloigner des conseils d'administration les hommes prudents et honorables dont le concours est si nécessaire à la prospérité des sociétés anonymes.

Art. 28.

« Il est fait annuellement, sur les bénéfices nets, un prélè-
« vement d'un vingtième, au moins, affecté à la formation
« d'un fonds de réserve.

« Ce prélèvement cesse d'être obligatoire lorsque le fonds
« de réserve a atteint le dixième du capital. »

Votre commission, Messieurs, demande la modification du second paragraphe de l'article.

Lorsqu'une société marche régulièrement et fournit une longue carrière, ses affaires se développent progressivement ; souvent, grâce à l'accroissement des comptes créditeurs, elles prennent un développement considérable, et alors un fonds de réserve, limité au dixième du capital, n'est pas suffisant pour préserver celui-ci des pertes qui peuvent atteindre la société dans les mauvaises années.

Ces considérations nous semblent de nature à motiver le changement demandé et à faire continuer l'accroissement de la réserve légale jusqu'à ce qu'elle ait atteint une quotité plus importante, par exemple, une somme égale au quart du capital social.

Ce système de prudence consoliderait le crédit des sociétés sans porter préjudice aux actionnaires qui retrouveront, au moment de la liquidation, leur part des retenues affectées à l'accroissement de la réserve.

ART. 29.

Il est de principe qu'une société ne doit distribuer de dividende à ses actionnaires qu'autant qu'il y a des bénéfices nets constatés par un inventaire régulier et jusqu'à concurrence du montant de ces bénéfices.

Cependant, un assez grand nombre de sociétés ont inséré dans leurs statuts une clause aux termes de laquelle un coupon *d'intérêt* est distribué chaque année, qu'il y ait ou non des bénéfices, ce coupon, d'une somme fixe, représente l'intérêt du capital versé, et est distinct du dividende, qui existe ou fait défaut, qui augmente ou diminue, selon l'importance des bénéfices réalisés.

Cette clause est-elle valable? il est certain qu'elle a de

graves conséquences ; qu'elle autorise des prélèvements sur le capital, c'est-à-dire la diminution du fonds social, au préjudice des créanciers de la société ; aussi a-t-elle donné lieu à de nombreuses controverses en doctrine et en jurisprudence.

Cette clause a fini par s'imposer par la force des choses ; en effet si une société se forme pour l'exécution et la mise en valeur de grands travaux publics, il serait impossible de trouver des actionnaires consentant à verser leurs fonds au moment de la constitution de la société, et à rester plusieurs années sans toucher aucun revenu.

La loi nouvelle admet la validité de ces prélèvements quand ils sont nécessaires, indispensables, et pour éviter qu'on en fasse abus, elle décide :

1o Que le taux des intérêts ne pourra dépasser 5 % des sommes versées ;

2o Que ce prélèvement aura lieu seulement pendant la période de premier établissement, dont le terme sera fixé par les statuts sans pouvoir être dépassé ;

3o Que cette clause sera rendue publique.

Votre commission, Messieurs, tout en reconnaissant la nécessité de ces prélèvements pense qu'il y aurait lieu d'en modérer le chiffre. Un intérêt de 5 % qui peut être prélevé pendant 5, 6 ans, et même plus longtemps fera au capital social une brèche énorme ; il ne faut pas oublier que ce capital est le gage des créanciers sociaux. Votre commission estime que pendant la période de construction les actionnaires doivent se contenter d'un revenu minimum, d'un revenu d'attente, et qu'un prélèvement de 3 % des fonds versés, qui ne s'écarterait pas sensiblement du taux normal de l'intérêt aujourd'hui, serait suffisant pour permettre aux souscripteurs d'attendre la période d'exploitation fructueuse de l'entreprise.

Nous demandons, en conséquence, que le montant des coupons d'intérêt ne puisse dépasser 3 % des fonds versés.

Art. 31.

L'art. 31 contient une disposition nouvelle qui était réclamée depuis longtemps.

Les sociétés procèdent par tirages périodiques au remboursement de leurs actions et obligations, et stipulent sur leurs imprimés que ces titres cessent de produire intérêt du jour où ils sont remboursables.

Par suite de la dispersion des titres chez un nombre infini de détenteurs, et de la longueur toujours croissante des listes de tirage, il est arrivé souvent que la société continuait le paiement des coupons après le tirage. Si plusieurs années après, le porteur présentait son titre, la société déduisait de la somme à rembourser le montant des coupons payés depuis le tirage, alléguant que le porteur était en faute de ne pas s'être présenté plus tôt, qu'il était prévenu qu'à partir du tirage le titre ne produirait plus d'intérêt, et ne pouvait s'opposer à la répétition de *l'indû*.

A cela il était facile de répondre que la société était au moins aussi fautive de ne pas avoir fait vérifier par ses employés les listes de tirage avec assez de soin pour arrêter à temps le paiement des coupons, et surtout que cette société ayant continué de détenir et faire valoir le capital exigible, elle devait équitablement continuer à en servir les intérêts. Si la société voulait arrêter le cours des intérêts, elle devait consigner le montant des titres sujets à remboursement ; mais, en fait, la consignation n'avait jamais lieu.

La solution donnée par l'art. 31 est donc très équitable et c'est à bon droit que l'art. 109 fait figurer l'art. 31 parmi ceux qui devront être observés par les sociétés préexistantes.

Nous pensons également que les villes, bien que leurs emprunts soient régis par des lois spéciales, accepteront la règle de justice établie par l'article que nous analysons.

Art. 32.

« Les formalités et conditions prévues pour la constitution
« de la société sont applicables à toute augmentation du capital
« social. »

Une société dont les actions ne sont pas complétement libérées peut-elle décider une augmentation de capital ? Oui, puisque la loi ne le défend pas.

La négative a été soutenue dans la commission du Sénat ; mais elle n'a pas été adoptée ; pour notre part nous le regrettons. Nous avons peine à croire qu'une société sérieuse et en bonne situation songe à augmenter le nombre de ceux qui doivent partager le dividende tant qu'elle n'a pas encaissé intégralement là mise de ses premiers souscripteurs.

Les raisons qu'on a fait valoir pour laisser complètement facultative l'augmentation du capital social ne nous paraissent pas concluantes ; on a dit : il peut y avoir inconvénient à faire un appel de fonds ; souvent les actionnaires résistent, se laissent poursuivre, cela nuit au crédit de la société, et précipite la baisse des actions ; mieux vaut chercher une nouvelle couche de souscripteurs, qui fourniront un premier versement et augmenteront le capital de garantie.

Si une société ne peut faire un appel de fonds sans provoquer la baisse de ses titres, c'est qu'il y a lieu de croire que ces fonds sont destinés à couvrir des pertes anciennes et non à développer les affaires sociales. L'argument invoqué ne démontre-t-il pas mieux que nous ne pourrions le faire le danger qu'il y a à laisser aux sociétés dont les actions ne sont pas libérées la faculté de faire de nouvelles dupes en augmentant leur capital. Nous croyons donc que ce pouvoir devrait leur être retiré.

ART. 33.

Il y a quelques années, certaines sociétés nouvelles n'attendaient pas que le développement de leurs affaires eut assuré à leurs titres une hausse progressive et continue ; à peine créées elles cherchaient par une demande factice, provoquée par elles-mêmes, à faire monter le cours de leurs actions ; bientôt, ce mouvement était suivi d'un autre en sens contraire ; le discrédit menaçait l'entreprise ; on voulait le conjurer par de nouveaux achats et ces spéculations absorbaient bientôt la meilleure partie du capital ; pour couper court à ce danger, l'article 33 interdit aux sociétés d'acheter leurs propres actions ; à cette règle, il n'y a que deux exceptions qui se justifient d'elles-mêmes; savoir :

1° Lorsque le rachat est fait pour un amortissement prévu par les statuts ;

2° Lorsque le rachat, se faisant en vue d'une réduction du capital social, toutes les conditions et formalités prescrites pour cette réduction ont été remplies.

On avait proposé d'admettre également le rachat d'actions pour emploi des réserves extraordinaires; mais la majorité a repoussé cette troisième exception dans la crainte de nuire à la disponibilité de ces réserves et de rouvrir, même partiellement, la porte aux abus signalés plus haut.

ART. 36.

« Les administrateurs sont responsables, conformément
« aux règles de droit commun, individuellement ou solidaire-

« ment selon les cas, envers la société ou envers les tiers,
« soit des infractions aux dispositions de la présente loi, soit
« des fautes qu'ils auraient commises dans leur gestion,
« notamment en distribuant ou en laissant distribuer, sans
« opposition, des dividendes fictifs.

« L'étendue et les effets de la responsabilité des commis-
« saires envers la société sont déterminés par les règles géné-
« rales du mandat. »

La loi de 1856 faisait peser sur les membres des conseils de surveillance et sur les administrateurs des responsabilités si nombreuses et si étendues, que le recrutement de ces conseils était devenu fort difficile. La loi de 1867 avait tempéré ces rigueurs, cependant elle laissait subsister plusieurs cas de responsabilité solidaire, obligatoire et indéfinie qui dépassaient la mesure de l'équité ; ainsi, quand la nullité d'une société était prononcée, non seulement les fondateurs étaient responsables envers les actionnaires et envers les tiers, mais cette responsabilité s'étendait à tous les administrateurs en fonctions au moment où la nullité avait été encourue, sans qu'il y ait à examiner si ces administrateurs avaient connu ou non la cause de nullité.

La loi nouvelle établit une règle plus équitable ; elle décide que les administrateurs seront responsables de leurs *fautes* dans la *mesure du préjudice* qu'ils auront occasionné ; c'est au nom de ce principe que nous avons demandé une légère modification aux termes de l'art. 14 qui rendait les administrateurs responsables de leurs délégués d'une manière trop absolue.

Art. 38.

« En cas de perte des trois quarts du capital social, les
« administrateurs sont tenus de provoquer la réunion générale

« de tous les actionnaires à l'effet de statuer sur la question
« de savoir s'il y a lieu de prononcer la dissolution de la
« société. »

La plupart des statuts portent que la dissolution doit être
prononcée dès que le capital est diminué de moitié ; nous pensons que la loi, suppléant au silence possible des statuts,
devrait établir la même règle.

Sans doute, il ne faut pas arrêter la marche d'une affaire
pour une légère perte qui peut être regagnée dans les exer-
cices à venir ; mais une société à qui manque la moitié de son
capital a perdu une grande partie de ses moyens d'action et n'a
plus guère d'éléments de succès. Il ne serait pas prudent de
pousser plus loin l'expérience et d'attendre que le reste du
capital soit à peine suffisant pour faire face aux pertes qui se
produisent inévitablement dans toute liquidation malheu-
reuse.

A défaut de réunion provoquée par les administrateurs, ou
régulièrement constituée, tout intéressé peut demander la
dissolution aux tribunaux.

L'art. 40 énumère les dispositions de la loi qui sont prescrites à peine de nullité.

Art. 41.

En cas de nullité, les fondateurs sont nécessairement responsables, puisque ce sont eux qui devaient veiller à l'accom-
plissement des conditions et formalités légales ; ils sont
responsables dans la *mesure* du préjudice causé par la nullité.

Les administrateurs en fonctions, les commissaires chargés
de vérifier les apports, ceux qui ont fait des apports en nature ou
stipulé des avantages particuliers *peuvent être déclarés responsables*, si une faute peut leur être imputée ; le juge appréciera.

C'est l'application du principe posé par l'art. 36 que nous avons déjà signalé à votre attention.

Art. 42.

« Lorsque la nullité d'une société est prononcée pour l'une
« des causes prévues par la loi, les actionnaires restent soumis
« à l'obligation d'opérer les versements non effectués sur le
« montant de leurs actions, et les créanciers sociaux conser-
« vent, vis-à-vis des créanciers personnels des associés, un
« droit de préférence sur tout l'actif social qui pourra être
« réalisé. »

Cet article donne une solution très juste à deux questions qui avaient été controversées. On avait dit : la société étant déclarée nulle, est censée n'avoir jamais existé ; on en tirait ces conséquences : 1º que les associés devaient être déliés de leurs engagements ; 2º qu'il n'y avait point de masse sociale distincte du patrimoine des associés et que les créanciers personnels de ceux-ci avaient sur l'actif social les mêmes droits que les créanciers qui invoquaient à tort le titre de créanciers sociaux.

Ces solutions sont à bon droit repoussées par le législateur; en effet, la nullité d'une société ne peut être invoquée par les associés contre les créanciers ; de même, entre les associés ou leurs ayants droit (créanciers personnels), il y a eu dans le passé une société de fait qu'il est juste de liquider comme une masse distincte ; c'est pourquoi l'art. 42 oblige les actionnaires à parfaire leur mise, dans la mesure nécessaire pour acquitter le passif social et rétablir l'égalité entre associés. Ce même article établit une sorte de séparation de patrimoine entre la masse sociale et l'avoir personnel des associés, pour réserver aux créanciers sociaux le gage sur lequel ils devaient légitimement compter.

Art. 43.

La loi de 1867 n'avait pas fixé de prescription spéciale pour l'action en nullité des sociétés, ni pour l'action en responsabilité qui en résulte. Des sociétés prospères et anciennes pouvaient se voir menacées de procès nuisibles à leur crédit si, lors de leur constitution, ou lors de leurs réunions extraordinaires modifiant les statuts, quelque irrégularité ou omission avait été commise. Ces actions tardives étaient trop souvent la mise en pratique de moyens de chantage qu'il était bon d'empêcher. C'est surtout au début d'une société qu'il importe de voir si elle offre des garanties sérieuses; c'est dans cette période de début que les intéressés doivent s'assurer si les prescriptions légales ont été observées.

Si la société a vécu plusieurs années, si les omissions ou irrégularités ont été réparées, on doit admettre une courte prescription. La loi fait une juste appréciation des droits et obligations de chaque intéressé en fixant à trois ans la durée des actions en nullité ou en responsabilité pour vice de forme.

TITRE II

Sociétés en commandite par actions.

Le titre II rend applicables aux sociétés en commandite par actions tous les articles du titre Ier, qui n'ont rien de contraire à cette forme de société.

L'art. 49 applique aux conseils de surveillance la règle déjà posée par l'art. 36 pour les administrateurs des sociétés anonymes, et décide que :

« Chaque membre du conseil de surveillance est respon-
« sable de ses fautes personnelles dans l'exécution de son
« mandat, conformément aux règles de droit commun. »

TITRE III

Des Sociétés à capital variable.

Dès 1867, le législateur, voulant favoriser le développement des sociétés coopératives de production ou de consom-
mation avait prévu la formation de sociétés à capital
variable.

Ces sociétés peuvent se constituer sous l'une des trois
formes ordinaires, en nom collectif, en commandite ou anonyme ; mais des dispositions spéciales étaient nécessaires pour
régler la formation et les variations du capital, l'entrée et la
sortie des membres de la société.

Aux termes du projet, les actions peuvent être fixées au
chiffre minimum de 25 francs, et le capital au chiffre maximum
de deux cent mille francs, avec faculté de l'augmenter progressivement, en vertu de décisions de l'assemblée générale
annuelle des actionnaires.

Les actions, toujours nominatives, sont négociables par
voie de transfert sur les registres de la société. Les statuts
peuvent donner à l'assemblée des actionnaires le droit de
s'opposer à l'admission d'un nouveau sociétaire ou même de
prononcer l'exclusion d'un associé.

Les sociétaires peuvent, sauf convention contraire, se retirer
de la société lorsqu'ils le jugent convenable. Ils n'ont pas le
droit de provoquer la liquidation de la société; leur part,
remboursable dans le délai fixé par les statuts, est réglée
d'après les résultats du dernier inventaire.

L'associé démissionnaire ou exclu, est responsable pendant deux ans, dans la mesure de son intérêt, des engagements pris par la société pendant qu'il en faisait partie.

La dissolution serait obligatoire si le capital se trouvait réduit au dixième du chiffre primitif.

Telles sont, dans leur ensemble, les règles spéciales aux sociétés à capital variable; elles sont inspirées par la nature de ces sociétés, et n'ont donné lieu à aucune objection.

TITRE IV

Dispositions relatives à la publicité.

De tout temps, on a reconnu la nécessité de donner aux actes de société une publicité sérieuse, de faire connaître aux tiers toutes les dispositions pouvant les intéresser soit dans les actes constitutifs, soit dans les actes postérieurs y apportant des modifications.

La loi nouvelle reproduit d'abord les dispositions de la loi de 1867.

Une copie de l'acte de société doit être déposée au greffe de la Justice de paix et une autre au greffe du Tribunal de commerce dans le ressort desquels est situé le siège social.

Un extrait contenant les mentions qui peuvent intéresser les tiers doit être publié dans un des journaux de l'arrondissement désigné pour recevoir les insertions légales.

Afin de rendre cette publicité par la presse plus efficace, et surtout les recherches plus faciles, les auteurs du projet de loi, tout en maintenant les règles ci-dessus, ont voulu instituer un recueil officiel où les sociétés par actions seraient tenues de faire paraître tous les actes et délibérations dont la publication est exigée par la loi.

Après discussion, il a été décidé que ce recueil serait un bulletin annexe du *Journal officiel*.

L'art. 73 de ce titre tranche une question controversée dans la pratique et décide que toute personne a le droit de prendre communication des pièces déposées aux greffes de la Justice de paix et du Tribunal de commerce, ou même de s'en faire délivrer à ses frais expédition ou extrait par le greffier ou par le notaire détenteur de la minute.

L'art. 74 décide que tous les imprimés des sociétés par actions, prospectus, factures, etc., devront donner tous les renseignements utiles sur la constitution de la société ; ce sont, du reste, les renseignements que doivent contenir les bulletins de souscription et les titres des actions.

TITRE V

Des Obligations.

Les sociétés anonymes se procurent, par l'émission d'obligations, des sommes considérables ; une partie importante de la fortune publique est employée dans ces valeurs ; il est utile que le législateur trace les règles applicables à ce nouveau genre de placement.

La loi nouvelle rendra aux souscripteurs d'obligations des services de trois sortes :

Elle les mettra à même de se renseigner exactement sur la constitution et les forces de la société, sur la valeur du capital-actions qu'on leur offre en garantie.

Elle leur donnera le droit et le moyen de surveiller la marche de la société; ils pourront se réunir en assemblées, nommer des commissaires ayant pouvoir d'assister aux assemblées d'actionnaires.

Enfin, la loi a reconnu la nécessité d'interdire les combinaisons trop habiles qui auraient fait dégénérer les obligations en billets de loterie; elle a pris les précautions qui lui paraissaient nécessaires pour que ces emprunts restassent des placements sérieux offerts à l'épargne des particuliers.

La loi n'apporte pas d'autres limites au pouvoir d'émettre des obligations; dès qu'une société est constituée, dès que ses actions ont été libérées du premier quart, elle peut émettre des obligations et elle peut en émettre indéfiniment. Le législateur qui, tout d'abord, semblait disposé à donner de sérieuses garanties aux prêteurs par obligation, s'est arrêté à mi-chemin.

On a posé en principe que les obligations avaient pour gage le capital-actions; si ce capital est intégralement versé, employé en travaux utiles ou représenté par de bonnes valeurs, il constitue, en effet, une garantie sérieuse; mais s'il n'est pas appelé, la société court les chances de l'insolvabilité des actionnaires; si les affaires de la société ne prospèrent pas, les actions passeront aux mains de cessionnaires d'une solvabilité douteuse et, au bout de deux ans, les premiers souscripteurs seront libérés; la garantie promise au moment de l'émission des obligations peut ainsi devenir après coup d'une bien minime valeur.

Le pouvoir d'émettre indéfiniment des obligations n'est pas moins dangereux; de plus, il porte aux souscripteurs des premières séries d'obligations un préjudice qu'ils ne peuvent ni prévoir ni éviter.

Une société constituée, au capital d'un million, émet des

obligations pour une somme égale ; le tout est employé en travaux utiles ; les obligataires ont jusqu'à présent un gage assuré ; mais si la société émet successivement plusieurs séries d'obligations, il est évident que le gage commun, par l'augmentation continue du passif, diminue sensiblement de valeur, et que les souscripteurs du premier million d'obligations sont exposés à des risques qu'ils n'avaient pu prévoir.

Dans les entreprises de travaux publics subventionnées par l'État, le législateur a soin de parer aux dangers que nous signalons. Les lois portant concession d'un chemin de fer stipulent toujours que le montant des obligations ne dépassera pas le chiffre du capital-actions ; que les quatre cinquièmes du capital-actions devront être employés en travaux et approvisionnements, avant que le concessionnaire puisse émettre des obligations, ou disposer du produit de cette émission.

Si ces règles de prudence ont paru nécessaires dans des entreprises ayant un objet unique et facile à surveiller, comme la construction d'un chemin de fer, elles le sont encore plus dans les sociétés industrielles, dont les entreprises peuvent varier à l'infini.

Nous croyons donc qu'il serait prudent de dire :

Que les sociétés ne pourront émettre d'obligations avant que leurs actions soient complétement libérées ;

Que l'émission d'obligations ne pourra dépasser le montant du capital-actions.

Tel devrait être le droit commun auquel nous admettrions deux exceptions.

La loi que nous étudions prévoit (art. 83 et suivants) l'émission d'obligations garanties par un privilège ou une hypothèque et indique pour la première fois les formalités à remplir pour assurer aux obligataires le bénéfice de ces causes de préférence.

On pourrait décider que les obligations émises avec privilège et hypothèque pourront s'élever à un chiffre représentant deux fois ou trois fois le capital social.

Cette plus grande latitude d'émission serait motivée par les garanties spéciales offertes aux souscripteurs; et elle n'aurait pas l'inconvénient de faire courir à ceux-ci des risques imprévus et sans limite.

On a fait aux restrictions que nous demandons une objection sur laquelle on a beaucoup insisté et qu'on a présentée comme décisive; nous pensons qu'elle doit seulement motiver une seconde exception à la règle.

On a dit : il y a des sociétés qui n'ont jamais compté sur l'emploi de leur capital social pour faire leurs opérations, et qui ne peuvent développer leurs affaires que par l'émission d'un nombre considérable d'obligations; on a cité le Crédit foncier.

On ne pouvait citer d'autre exemple, n'est-ce pas le cas de dire que l'exception confirme la règle ?

On peut sans danger mettre à part les sociétés qui s'occuperont de prêts fonciers ou communaux. Dans ces sociétés, l'argent des obligataires doit être employé en prêts faits sur garanties hypothécaires ou à des communes ou établissements publics autorisés à percevoir une contribution affectée au paiement des annuités de l'emprunt, ces obligations sont représentées par des valeurs ayant un gage certain.

Dans ces conditions la faculté d'émission ne doit pas être illimitée (elle ne l'est pas pour le Crédit foncier) mais elle peut être élargie dans des proportions considérables.

Il est donc facile de pourvoir aux nécessités de ces opérations d'un genre tout spécial; mais ce n'est pas une raison suffisante pour renoncer aux précautions nécessaires dans les sociétés en général.

Passons maintenant en revue les dispositions principales du titre V.

ART. 75.

La loi s'occupe d'abord de proscrire les placements aléatoires qui séduisent toujours un grand nombre de personnes, et qui seraient encore plus funestes que *la loterie* puisque ayant le nom et l'apparence d'un placement ils engloutiraient des sommes plus considérables. On interdit les valeurs à lots et les obligations remboursables sans intérêt,

Toutes les obligations d'une même émission devront être productives d'un intérêt de trois pour cent au minimum et être remboursables au même taux.

Dans ces conditions il n'y a plus à craindre que le père de famille livre au jeu du hasard une partie importante de son patrimoine; l'obligation apparaît comme un placement sérieux, et la prime de remboursement, produit d'une faible retenue sur le loyer de l'argent, constitue une réserve de prévoyance destinée à augmenter le capital du prêteur.

ART. 76.

Les emprunts des sociétés faits par émission d'obligations sont remboursables par voie de tirages au sort effectués chaque semestre ou chaque année pendant une période de temps déterminée au moment de l'émission; si la société est dissoute avant le terme fixé pour le remboursement de ses obligations, quel sera le sort des porteurs de titres non amortis au moment où commence la liquidation ?

Cette question non prévue par la loi de 1867, a donné lieu aux solutions les plus contraires. Certains arrêts n'accordaient aux obligataires que le remboursement de la somme qui avait été encaissée par la société au moment de l'émission, rompant ainsi purement et simplement une convention mixte, sans tenir compte de la promesse d'un remboursement avec prime faite aux prêteurs au moment de l'émission.

D'autres, au contraire, donnaient au prêteur cette prime de remboursement, ou plutôt l'admettaient à produire pour le montant nominal de ses titres, disant que la société devait supporter les conséquences d'une rupture du contrat survenue par sa faute. C'était aller trop loin, surtout si l'on considère que cette peine prononcée contre la société, *en fait*, retombait sur d'autres créanciers dont elle diminuait le dividende.

Enfin une jurisprudence équitable mais assez incertaine cherchait à accorder aux obligataires, outre le remboursement du prix d'émission et des coupons échus, une indemnité représentant aussi exactement que possible la portion de la prime de remboursement qu'on pouvait considérer comme acquise en se référant au temps couru depuis l'émission.

Telle est aussi la pensée qui a inspiré l'art. 76. Mais il serait à désirer qu'on put trouver une rédaction plus claire.

Art. 77.

Toute société qui veut émettre des obligations, doit au préalable faire paraître au bulletin officiel un avis indiquant :

1º L'objet de la société ;

2º La date de l'acte de société et celle de la publication au bulletin de cet acte et des modifications qu'il a pu subir ;

3º Le montant des obligations déjà émises ;

4º Les conditions de l'emprunt projeté ;

5º Le dernier bilan ou la mention qu'il n'en a pas été dressé.

Ces conditions ont pour but de renseigner les souscripteurs sur l'état *actuel* de la société.

Art. 78 a 80.

La loi reconnaît aux porteurs d'obligations le droit de se réunir et de se faire représenter par des mandataires ; elle prévoit que, parmi les garanties stipulées en faveur des obligations au moment de l'émission, pourra figurer la réunion des obligataires en assemblée générale à l'effet de nommer un ou trois commissaires *pris parmi les porteurs d'obligations*. Le premier projet ne limitait pas le choix des obligataires ; mais, lors de la discussion au Sénat, on a demandé avec raison l'exclusion des mandataires étrangers, qui n'eussent été le plus souvent que des agents d'affaires trop portés par habitude à susciter des difficultés entre les divers groupes d'intéressés. Il est préférable que les obligataires s'occupent eux-mêmes de leur affaire ; ils le feront avec une vigilance qui n'exclura pas l'esprit de conciliation.

Art. 81.

« Les commissaires ne peuvent s'immiscer dans la gestion « des affaires sociales. Ils ont droit aux mêmes communica- « tions que les actionnaires et aux mêmes époques. Ils peuvent « assister à toutes les assemblées générales quelconques des « actionnaires, *sans participer ni aux discussions ni aux* « *votes.* »

On a proposé de ne pas donner à ces commissaires le droit d'assister aux assemblées d'actionnaires ; on disait : puisqu'ils ne peuvent prendre part à la discussion, à quoi bon les faire figurer, membres muets, dans ces assemblées ? Ils auront communication des procès-verbaux ; cela suffira pour leur permettre de renseigner leur mandants sur les décisions prises par les actionnaires.

M. le rapporteur a insisté avec raison pour le maintien du texte primitif. Les procès-verbaux reproduisent fidèlement la partie de la discussion nécessaire pour expliquer les décisions prises ; mais ils omettent bien des observations qui sont de nature à mieux faire connaître la véritable situation de la société. Il est important pour les intéressés de connaître la physionomie des débats qui ont précédé les résolutions de l'assemblée.

ART. 83, 84.

Les commissaires doivent remplir les formalités nécessaires pour assurer la conservation des privilèges et hypothèques promis aux obligataires ; ils doivent aussi s'assurer que les fonds empruntés reçoivent l'emploi annoncé lors de l'émission.

ART. 87.

Les innovations qui précèdent ne font pas obstacle à l'exercice des actions individuelles appartenant, d'après le droit commun, à chaque porteur d'obligations.

TITRE VI

Des Tontines et des Sociétés d'assurance.

Les tontines et les sociétés d'assurances sur la vie continuent d'être soumises à l'autorisation et à la surveillance du gouvernement.

Le caractère compliqué et aléatoire de leurs opérations a fait maintenir ces garanties dans l'intérêt du nombreux public qui s'adresse à ces sociétés sans être à même de se rendre un compte bien exact de la portée des combinaisons diverses auxquelles se prête le contrat d'assurance.

Les autres sociétés d'assurance peuvent se former sans autorisation; elles restent soumises au décret du 22 janvier 1868.

TITRE VII

Des Sociétés étrangères.

Les sociétés étrangères, constituées selon les lois de leur pays, pourront exercer en France tous les droits accordés aux étrangers, lorsqu'un décret rendu en la forme de règlement d'administration publique aura, par mesure générale, permis aux sociétés de ce pays d'exercer leurs droits et d'ester en justice en France. Une autorisation spéciale n'est pas nécessaire.

Les tontines et sociétés étrangères d'assurance sur la vie sont soumises à l'autorisation et à la surveillance du gouvernement; elles devront fournir un cautionnement affecté par privilège au paiement des indemnités qui pourront être dues pour les risques courus en France.

La loi rend applicables aux sociétés étrangères certaines dispositions des titres qui précèdent, notamment celles qui ont trait à la publicité, au montant des actions, au remboursement des obligations.

Ces précautions étaient nécessaires; sans elles, on eut passé la frontière pour se soustraire aux dispositions gênantes de la loi française, comme on l'a fait plus d'une fois, avant 1867, pour éluder la nécessité du décret d'autorisation.

Nous avons terminé, Messieurs, l'exposé des questions soulevées et résolues par le projet de loi soumis à votre appréciation ; nous pensons que ces solutions réaliseront une amélioration notable dans la législation des sociétés.

Nous espérons que vous voudrez bien émettre un avis favorable à l'adoption de ce projet,· en demandant, toutefois, qu'il soit modifié sur les points suivants :

1º Que le premier quart du capital-actions soit déposé dans une caisse publique ;

2º Que la retenue d'un vingtième sur les bénéfices nets s'opère jusqu'à ce que la réserve légale ait atteint une somme égale au quart du capital ;

3º Que les prélèvements sur fonds social pour distribution d'intérêt ne puissent atteindre le taux de 5 %;

4º Que la dissolution des sociétés soit obligatoire dès que le capital est diminué de moitié ;

5º Que les apports en nature et avantages particuliers soient toujours vérifiés par des experts nommés par le président du Tribunal de commerce ;

6º Qu'il soit apporté certaines limites au droit qu'ont les sociétés d'émettre des obligations.

La Chambre, après avoir entendu la lecture du rapport ci-dessus, en approuve les termes et les conclusions, et décide qu'il sera adressé à M. le Ministre du Commerce.

Pour copie conforme

A. LEBERT, *Président*

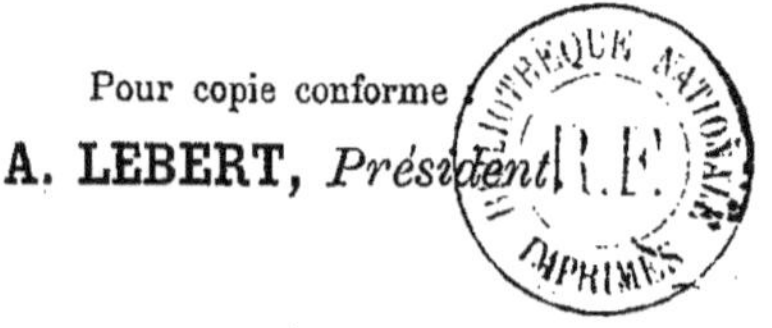